Siha's File

Written and Illustrated by Siha

맑은소리맑은나라

Written and Illustrated by Siha

Written and Illustrated by Siha

Bio edit

I'm Siha, an eleven-year-old girl.
I enjoy painting, writing, and reading; my favorite genres are mystery and fantasy.
I also enjoy playing the flute and piano.

I love flowers; they look pretty, and the smell is fresh not as strong as perfume;
that's why I am painting flowers.
And I love my puppy, Lulu; she is cute, and she makes me laugh.

My favorite subject is English.
P.E. is fun for me because I like running in a field or doing many sport activities
I am excited to share my file with everyone.

저는 열한 살 소녀 시하입니다.
그림 그리기, 쓰기, 읽기를 좋아 합니다. 가장 좋아하는 장르는 미스터리와 판타지입니다.
나는 또한 플루트와 피아노 연주를 즐깁니다.

나는 꽃을 사랑합니다. 왜냐하면 보기에 아름답고, 향수 냄새 처럼 강하지 않고
신선한 냄새가 나기 때문입니다. 그래서 나는 꽃 그림을 그리는 것을 좋아합니다.
그리고 나는 나의 강아지 룰루를 사랑합니다. 그녀는 귀엽고, 나를 웃게 만듭니다.

가장 좋아하는 과목은 영어입니다.
운동장에서 뛰거나 많은 스포츠 활동을 하는 체육시간도 좋아합니다.
나는 나의 파일을 여러분과 공유하게 되어 기쁩니다.

Poem
시

On a day

On a day, I find myself on a rustling path;
I hear the crunching of the leaves under my foot.
It sounds like crackers are breaking.It satisfied me so much.
On a quiet evening, I see the woods.
It's like a drawing of the woods.
So peaceful and beautiful.
I smell the air; it smells like new trees.
I hear the water sound gushing down the stream
and animal sounds all over the place.
It's just like a picture book.

I wrote this poem because, this is what I hear or see in the morning.

하루에

어느 날 아침, 나는 바스락거리는 길에 서 있는 나를 발견하고,
내 발 밑에서 나뭇잎들이 바스락거리는 소리를 듣는다.
크래커가 부서지는 소리처럼 들려서 너무 만족스럽다.
조용한 저녁이면 그림같은 숲이 보인다.
너무나 평화롭고 아름답다
공기 중에 나는 냄새는, 새로운 나무 냄새 같다.
개울에서 물이 세차게 흐르는 소리가 들리고,
사방에서 동물 소리가 들리는 것은
마치 그림책 같다.

내가 이 시를 쓴 이유는 이것은 내가 아침에 듣거나 보는 것이기 때문입니다.

Freedom of birds

When I feel like the clouds are talking to me.
The motion of birds.
The flapping and the folding of their wings, with each sight.
The stories that go on and feel like it would never end.
The blueness of the sky, the greenness of the land, all these colors, all these shapes.
The story from our ancestors is a story to learn and remember to the next generation,
a one-by-one passageway glinting in the sky waiting for hope and freedom on our earth.
The planet earth our home.

I wrote this poem because, when I look up at the sky then I see these birds which gives me the idea of birds. Also when I wrote this I was in second grade. The poem is about the birds seeing from high above the sky and seeing the land

새들의 자유

구름이 나에게 말하는 것 같은 느낌이 들 때.
새의 움직임입니다.
날개를 펄럭이고 접는 것을 볼 때마다.
끝나지 않을 것 같은 계속되는 이야기들.
하늘의 푸르름, 땅의 푸르름, 이 모든 색, 이 모든 모양들.
우리 선조들의 이야기, 다음 세대까지 배우고 기억해야 할 이야기,
하늘에 반짝이는 하나 하나의 통로가 이 땅의 희망과 자유를 기다리고 있습니다.
지구는 우리의 집입니다.

내가 이 시를 쓴 이유는 내가 하늘을 올려다 봤을때, 나는 새들을 보았고, 그 새들이 나에게 아이디어를 주었어요. 내가 이 시를 썼을 때 나는 2학년이었어요. 이 시는 새들이 하늘 높은 곳에서 바라보는 땅에 관한 것입니다.

Stories of stars

The joy in my heart.
I lay down on the couch, seeing the vision of the milky way of melting chocolate.
The chocolate is brown, and the sky is a starry dark night.
I see the universe.
Of the melody playing on the fire near the couch,
the reorient buildings like fractals all over the place,
and it is like a candy place.
I am so happy.

It was poem class; the teacher was talking about a star then I had an idea to write this poem.

별들의 이야기

내 마음의 기쁨.
나는 소파에 누워, 초콜릿이 녹는 은하수를 바라본다.
초콜릿은 갈색이고 하늘은 별이 빛나는 어두운 밤이다.
나는 우주를 바라본다.
소파 근처의 불 위에서 연주되는 멜로디 위에,
프랙탈 같은 건물의 방향을 바꿔 놓은 것은,
마치 사탕집 같다.
나는 매우 행복하다….

시를 쓰는 수업이었다. 선생님이 별에 대해 이야기를 했고, 나는 이 시를 쓸 아이디어를 가졌다.

The Apple Tree

Leaning against the apple tree, swaying side to side,
I see the sunset so gentle like soft laughter.
I hear the sigh of the universe, breathing of gentleness and laughter.
Clouds give rain to the ground, a flash of lightning, then snow,
and back to summer and starting the cycle again.
I smell these natural fragrances filling me with a sweet aroma that lights me up.

사과나무

사과나무에 기대어 좌우로 흔들리는 석양을 보니 부드러운 웃음처럼 잔잔하다.
나는 우주의 한숨, 부드러움과 웃음의 숨결을 듣는다.
구름은 땅에 비를 내리게 하고 번갯불과 눈을 내리게 하고
다시 여름으로 돌아가 주기를 다시 시작한다.
나는 달콤한 향기로 나를 채우는 이 자연의 향기를 맡는다.

On a quiet moonlight

On a quiet moonlight, I walk on the moon.
It's so bumpy like a rocky road, but yet so beautiful in these gray-looking shapes.
As I walk, it rotates; it goes around and around.
Soon daylight has come.
The Sun comes blazing in my eye.
I look away, and I feel the hotness on my skin; it burns me up, so I go to safety.
On the planet there is so much and much interesting stuff in searching it up.
I feel like I am an astronaut.

The teacher showed me a picture of the universe in class, and it was a little hard to notice that it was the universe, but I got a poem idea.

조용한 달빛 위에

조용한 달빛에 나는 달 위를 걷습니다.
바위길처럼 울퉁불퉁하지만 회색빛이 도는 모양이 너무 아름답습니다.
내가 걸을 때, 회전하며, 둥글게 돌아갑니다.
곧 날이 밝습니다.
태양이 내 눈에 타오르고 있습니다.
나는 시선을 돌렸고, 나는 내 피부에 뜨거움을 느낍니다.
그것은 나를 태워요, 그래서 나는 안전한 곳으로 이동합니다.
행성에서.
여기를 찾는 것은 너무 멋지고 재미있습니다.
나는 마치 우주 비행사처럼 느껴집니다.

선생님이 수업시간에 우주 사진을 보여 주었고, 이것이 우주라고 눈치채기가 조금 힘들었지만.
나는 시 아이디어를 얻었다.

Myself

I close my eyes and find myself on the hill
on the soft grass of birds chirping the light whisper of the blue, the silent sea of wind.
Cotton candy I eat it
So fluffy as a cloud above the...

This poem is basically about what I dream of something I see.

나 자신

나는 눈을 감고 고요한 바람의 바다와 푸른 바다의 가벼운 속삭임을 지저귀는
부드러운 새들의 풀밭 위에 있는 언덕 위에 있는 자신을 발견합니다.
솜사탕 나는 그것을 먹습니다.
하늘 위의 구름처럼 폭신폭신…

이 시는 기본적으로 내가 본 것을 꿈꾸는 것에 관한 것입니다.

Flowers Everywhere

From the joy of my heart, just like a flower, I feel good.
I walk on a hill and see the view of the ocean.
The sea wind goes up my nose.
It smells like sea salt and also all these nature smell together.
I feel like a flower blooming into happiness.

It was in third grade, I loved flowers, so in poetry I wrote about particular flowers which I like.

어디에나 꽃

내 마음속의 기쁨으로부터 마치 꽃처럼, 나는 기분이 좋아요.
나는 언덕위를 걸으며 바다의 경치를 봐요.
바닷바람이 코를 타고 올라와요.
바다 소금 냄새와 함께 이 모든 자연의 냄새도 풍겨요.
나는 행복 속에 피어나는 꽃이 된 기분이예요.

3학년 때 꽃을 좋아해서 시에서 내가 좋아하는 특정 꽃에 대해 썼습니다.

The Sky, but...

In the sky, I see all these clouds;
some clouds look like a house, some look like a mouse.
And there is so much to explore in the sky.
But yet we still don't know all of the answers.
But always in my heart will there be a beautiful sky to look at.

This poem was when looked up the sky and saw the shape the clouds. I knew, I had to write about the clouds.

하늘, 그러나...

하늘 속에서 나는 모든 구름을 본다.
어떤 구름은 집처럼 보이고, 어떤 구름은 쥐처럼 보인다.
그리고, 하늘에는 탐험할 것이 너무 많다.
그러나 우리는 여전히 모든 답을 알지 못한다.
하지만 내 마음속에는 항상 아름다운 하늘이 있을 것이다.

이 시는 하늘을 올려다보고 구름의 모양을 보았을 때 였어요. 난 알았어요, 구름에 대해 써야 한다는 것을요.

Journey

Our life journey just never knows
what's going on in life or the changes.

It's like a curve we never know,
and soon we have to find out our happy place.

This is me when I go journeying.

여정

우리의 인생 여정은 인생이나 변화에
무슨 일이 일어나고 있는지 알지 못합니다.

그것은 우리가 결코 알지 못하는 곡선과 같으며,
곧 우리는 우리의 행복한 곳을 찾아야 합니다.

이것은 내가 여행을 갈 때입니다.

Music of the waves

Under the quiet blue, the music of the waves,
the horizon of the sky,
the curling of the waves crashing,
the ancient of the world,
the playfulness of the water, I feel me.

This idea is about the beach waves, the poem is talking about the waves and I imagine the waves would be.

파도의 음악

고요한 파란색, 파도의 음악,
하늘의 수평선, 부서지는 파도의 소용돌이,
고대 세계, 물의 장난기, 나는 나를 느낍니다.

이 아이디어는 해변의 파도에 관한 것이고, 시는 파도에 대해 이야기하고 있으며 나는 파도가 다음과 같을 것이라고 상상합니다.

The sound

I hear the sound of birds chirping; the music ringing in my ear.

Outside, the trees are swaying side to side,shaking all the leaves off.

Soon I hear the dog barking; it's like a deep rumbling sound, coming from an earthquake.

The dog is running around the house making all these claps, clap sounds.

I hear lots of sounds surrounding my house.

This is the sound of a morning I hear at my house.

소리

귓가에 울리는 음악과 함께 새가 지저귀는 소리가 들립니다.
밖에는 나무들이 좌우로 흔들리고 있습니다.
잎사귀를 모두 떨어뜨리자 곧 개가 짖는 소리가 들린다.
그것은 지진에서 오는 깊은 우렁찬 소리와 같습니다.
개가 집 주위를 뛰어다니며 만드는 소리는 박수, 박수 소리 같습니다.
나는 집 주변에서 나는 많은 소리를 듣습니다.

이것은 우리 집에서 듣는 아침의 소리입니다.

The waves

When I'm standing on the brown sand, it feels so mushy.
I see the waves, the waves are blue, the waves are white.
Suddenly, the sound of waves, the sudden moments of the past,
the circle of the waves coming and going.
Just like the past coming and then going, I see the clear wave.
It has all the little sand and rocks with it.
It feels like the waves are talking to me.
While I step in the waves, I feel like the waves love me.

When I go to the beach I feel very happy so I wrote this about the beach and the waves of what I see.

파도

갈색 모래에, 그것은 매우 부드러워요.
내가 바라보는 파도는 파란색의 물결이고, 하얀색의 물결이고,
내가 좋아하는 다른 모든 색상으로 만들 수 있어요.
갑자기, 파도 소리, 과거의 갑작스러운 순간들, 파도들이 원을 그리듯 오고 가요.
파도가 오며 가며 지나간 자리에, 맑은 파도가 보여요.
그것은 모든 작은 모래와 바위를 가지고 있어요.
내가 파도를 밟고 있는 동안 파도가 나에게 말을 걸어요.
파도가 나를 사랑하는 것 같아요.

해변에 갈 때 너무 행복해서 해변과 내가 보는 것의 파도에 대해 썼습니다.

Time

Time is slow, time is fast, time is fun, time is boring,
and time is everything you need.
I see myself watching time as every moment passes by.
I see the reflection of myself waiting for something even
I don't know.
It's like I'm waiting for the wilderness.
And it's just like I belonged in the wilderness
where I feel the happiness in me.

시간

시간은 느리고 시간은 빠르며 시간은 재미있고 시간은 지루하고
시간은 필요한 모든 것입니다.
나는 매 순간이 흘러가는 시간을 바라보고 있는 나 자신을 바라봅니다.
나도 모르게 무언가를 기다리고 있는 내 모습이 보인다.
광야를 기다리는 것과 같습니다.
그리고 내 안의 행복을 느끼는 광야에 속한 것과 같습니다.

Mushrooms

Mushrooms are so cool it has all the little spectacular designs on them.
Mushrooms also feel watery in my mouth.
And I see that I am eating lots of mushrooms, mushrooms in burgers,
mushrooms in soup mushrooms in some food.
And I love the texture and the taste of the mushroom.

When I was eleven years old, I had mushrooms soup. I looked at it closely I saw that the mushroom had little designs on it. So I was amazed by the pattern and wrote about mushrooms.

버섯

버섯은 너무 멋진, 작은 화려한 디자인을 가지고 있습니다.
버섯은 입안에서 물기가 느껴집니다.
그리고 나는 버섯, 햄버거에 버섯, 수프에 버섯
어떤 음식에 버섯이 많은 음식을 먹고 있는 나를 봅니다.
그리고 나는 버섯의 질감과 맛을 좋아합니다.

열한 살 때 버섯 수프를 먹었습니다. 자세히 보니 버섯에 작은 무늬가 있는 것을 알 수 있었습니다.
버섯 무늬가 신기해서 버섯에 대해 글을 썼습니다.

Lake

The lake is such a gorgeous sight to see.
It has these pointy white-covered mountains and millions of fresh green trees.
I like the fresh green trees and the white-covered mountains.

I take a walk around the lake, gazing at the magnificent view.
I walk on the grass and feel the soft wet green grass tickling my feet.
I go in the water; it cools me down like a cold drink.
I see the blue lake; there is the reflection of the mountains and trees on the lake;
it's like a big mirror reflecting everything.

My family went lake Tahoe. I saw the lake, it looked so beautiful and I wrote this poem.

호수

보기에 정말 멋진 광경의 호수이다.
그것은 뾰족한 산 위는 하얀색으로 덮여있고,
나는 푸르고 싱싱한 나무와 하얀 색으로 뒤덮인 산이 좋다.

멋진 경치를 바라보며 호수 주변을 산책합니다.
잔디 위를 걷다 보면 부드럽고 젖은 푸른 잔디가 발을 간지럽히는 것을 느낍니다.
나는 물안으로 들어간다.
시원한 음료수처럼 나를 차갑게 한다.
푸른 호수를 보니, 호수 위에 산과 나무가 반사되어 마치 큰 거울처럼
모든 것을 비춰주는 것처럼 보인다.

우리 가족은 레이크 타호에 갔다. 호수를 보고 너무 아름다워 이 시를 썼다.

Leaves

But no matter what leaves are, there are many leaves in the forest,
and they're all beautiful and unique.
I soon find myself on a light brown rocky path.
I smell the air; the cold air goes up my nose, turning my nose red like red cherry.
I see my breath in the foggy sky; with each step, I hear the crunch-crunch sound of the different
colored leaves breaking under my shoe.
The dampness of the ground makes a squeaky sound each time I walk.
With every step walking in the forest, it makes me calm.
With every step, I hear the different animal sounds like an opera-singing to me.
The leaves are so beautiful.

When I go outside, I can see leaves on the ground and trees. And what's even more amazing is that it changes patterns and colors with different colors and shapes. They are so beautiful to me.

나뭇잎들

나뭇잎에는 많은 옵션이 있습니다. 어떤것들은 모양과 색상이 다르고
어떤것들은 타이다이 티셔츠 또는 여러 색상이거나, 기본 단색들이 있습니다.
하지만 어떤 나뭇잎이든 숲에는 많은 나뭇잎들이 있고, 그들은 모두 아름답고 독특합니다.
밝은 갈색의 바위길에 내가 있음을 발견합니다.
나는 공기 냄새를 맡습니다.
이것은 찬 공기가 코를 타고 올라와 코끝이 붉은 체리처럼 붉게 만듭니다.
나는 안개 낀 하늘에서 내 숨결을 봅니다. 발을 내딛을 때마다 내 신발 밑에서 부서지는
다양한 색깔의 나뭇잎들이 내는 크런치 크런치 소리가 들립니다.
땅의 습기가 삐걱거리는 소리를 내고 나는 걸을 때마다 마음이 차분해집니다.
걸을 때마다 나는 오페라를 부르는 것처럼 다른 동물의 소리를 듣습니다.
나뭇잎들은 정말 아름답습니다.

밖에 나가면 땅에 떨어진 나뭇잎과 나무가 보입니다. 그리고 더 놀라운 것은 다양한 색상과 모양으로 패턴과 색상을 변경한다는 것입니다. 그들은 나에게 너무 아름답습니다.

Cherry Blossoms

Cherry Blossoms are pink.
Cherry Blossoms are pretty, and the fragrance of them smells nice.
Cherry Blossoms are so friendly to me that it's like wherever I walk, it's always near me.
I smell the cherry blossoms in the cold fresh air with the rain
while walking on the concrete floor.

The world of cherry blossoms is all so beautiful as a masterpiece painting.
I look side to side, revealing the beauty of the cherry blossoms.
It's like I'm in a sort of picture book looking at all the beautiful nature paintings.
The cherry blossoms are every meaning whatever to you.

I saw a cherry blossom video, and the pink petals and flowers were so pretty.
I wanted to write it.

벚꽃

벚꽃은 분홍색이예요.
벚꽃은 예쁘고 향기도 좋아요.
벚꽃은 너무 친근해서 걸어가는 곳마다 늘 가까이 있는 것 같아요.
콘크리트 바닥을 걷다보면, 비와 함께 상쾌한 공기 속에서 벚꽃 냄새가 나요.

벚꽃의 세계는 모두 명화처럼 아름다워요.
나는 벚꽃이 드러내는 아름다움을 바라보면, 마치 내가 그림책 속에 있는 것처럼
아름다운 자연의 그림들을 보는 것 같아요.
벚꽃은 당신에게도 어떤 의미든지 될수 있어요.

벚꽃 영상을 봤는데 분홍빛 꽃잎과 꽃이 너무 예뻐서 꼭 써보고 싶었어요.

Feeling Free

On a cold, windy day, I see the ocean, the water sparkling in the sunset sun's rays.
The beautiful rainbow-colored sunset is blazing in my eye.
Soon the beach wind is breezing into my face and making my nose go pink.
My feet are sinking into the soft mushy sand.
Then I look over to the ocean, and one by one,
I start walking toward the ocean and stepping my feet into the cold water;
it makes me all refreshed.
The big waves crashing against the rocks, spraying me with water,
and the waves tumbling toward my feet.
I feel free like the ocean in my world.

This is what I see in the beach at sunset and had an idea to write it.

자유롭습니다

춥고 바람이 많이 부는 날,
나는 석양의 태양 광선에 반짝이는 물, 바다를 봅니다.
아름다운 무지개빛 노을이 내 눈에 타오르고 있습니다.
곧 해변의 바람이 내 얼굴에 불어와 코를 분홍빛으로 물들입니다.
내 발은 푹신푹신한 모래 속으로 가라앉고 있습니다.
그리고는 바다를 바라보며 하나 둘 바다를 향해 걷기 시작하고
차가운 물 속으로 발을 내딛습니다.
이 모든 것은 나를 상쾌하게 합니다.
큰 파도가 바위에 부딪쳐 물을 흩뿌리며 파도가 내 발을 향해 밀려옵니다.
나는 내 세계안의 바다처럼 자유롭다고 느낍니다.

해질녘 해변에서 본 모습에서, 아이디어를 가졌습니다.

In the rainforest

In the rainforest, there are magnificent story's to tell.
I can tell about the swirly vines that hang like decorations.
I can tell about the sticky mud that sticks to my shoes.
I can even tell about the land of how particular it is.
I can tell what you know about the journey of life in the rainforest.

This poem is about a rainforest and how I imagine what a rainforest would look like.

열대우림

열대 우림에는 장엄한 이야기가 있습니다.
장식처럼 매달려 있는 소용돌이 치는 덩굴에 대해 말할 수 있습니다.
신발에 달라붙는 끈적끈적한 진흙에 대해 말할 수 있고,
나는 심지어 그것이 얼마나 특별한 땅인지 말할 수 있습니다.
나는 당신이 열대우림에서의 삶의 여정에 대해
무엇을 알고 있는지 말할 수 있습니다.

이 시는 열대 우림에 관한 것이며 열대 우림이 어떤 모습일지 상상하는 것입니다.

The Snow

One night as I was walking up the mountain, it was no meaning.
The soft powdered snow and the sun rose;
it shined and glimmered the snow, then the snow melted.
Soon there was a rainbow right above me; it reflected on the plain white snow.
The plain snow turned into colored snow.
White as a cloud, it was so.....
Fluffy as a pillow, it was so.....
Cold like a popsicle, it was so.....
Sweet like cotton candy, it was so.....

It doesn't snow where I live, but when I went to Lake Tahoe, which is 3 hours from my town, it did snow, and it was really pretty with the reflection in the sunlight.

눈

어느 날 밤 내가 산을 오르고 있을 때 그 산은 아무 의미도 없었어요.
부드러운 눈 가루위에, 태양이 떠오르고 반짝이며 희미하게 빛나는 눈이 녹고 있었어요.
내 바로 위에 무지개가 나타났고, 새하얀 눈에 반사되었어요.
평범한 눈이 색색의 눈으로 변해갔어요.
구름처럼 하얗고.
베개처럼 푹신하고,
얼음처럼 차갑고,
솜사탕처럼 달콤하게,

내가 사는 곳은 눈이 내리지 않는데 우리 동네에서 3시간 거리에 있는 레이크 타호에 갔을 때 눈이 내렸고 햇빛에 반사되어 정말 예뻤다.

In the nature

The birds showed up and flew, chirping.
The dolphins jumped in and out from the ocean.
The rivers and trees swished back and forth like a trombone going in and out.
The sound of the stomping band was like we may not or may control.
But I still feel the sky within me among the trees.
In my heart, the nature is the ruler, but it has no crown nor riches.

I imagine the nature all these environmental things come up in my mind and when I think of it deeply. I notice that the nature was here first than us so the nature was the ruler of it but instead the nature had no riches or anything.

자연 안에서

새들이 나타나서 지저귀며 날았다.
돌고래들이 바다속으로 들락날락했다.
강과 나무들이 트롬본처럼 앞뒤로 흔들렸다.
쿵쾅거리는 밴드의 소리는 우리가 통제하지 못하거나 통제하는 것 같았다.
그러나 나는 여전히 나무들 사이에서 내 안의 하늘을 느낍니다.
내 마음 속에는 자연이 그 자리의 지배자이지만,
궁궐도 없고 재물도 없습니다.

나는 자연을 상상하며 이 모든 환경적인 것들이 내 마음에 그리고 깊이 생각할 때 떠오른다. 나는 자연이 우리보다 먼저 여기에 있었기 때문에 자연이 그것을 지배했지만 그 대신 자연이 부나 아무것도 없었음을 알아차립니다.

The sound...

The sound of birds chirping outside,
The sound of music tuning in my ear,
The sound of people murmuring like a swarm of bees,
The sound of trucks zooming by making my hair go to my face,
The sound of pleasure filling me in with happiness and joy.
The sound of leaves falling gently to the ground like a feather,
The sound of pride marching bravely,
The sound of me.

I like to hear sounds because, I can hear wonderful sounds just even from outside on your doorstep.

소리...

밖에서 지저귀는 새소리,
귓가에 동조하는 음악 소리,
벌떼처럼 속삭이는 사람들의 소리,
내 머리카락을 내 얼굴에 대고 트럭이 줌인하는 소리,
나에게 행복과 기쁨을 채우는 건전한 쾌락,
깃털처럼 부드럽게 땅에 떨어지는 나뭇잎 소리,
용감하게 행진하는 자부심의 소리,
나의 소리.

나는 소리를 듣는 것을 좋아합니다. 왜냐하면 당신의 문 앞에서 밖에서도 멋진 소리를 들을 수 있기 때문입니다.

At school

Outside of school, I see the pointy green shrubs.
The crows cawing and the birds are chirping in the trees.
I smell the air, and it smells like trees and grass, and I can also smell the bench I'm sitting on.
I see the leaves of every color in the tree high above me.
I feel the light breeze coming and going brushing against me, which makes me feel good.
In the distance, I hear people talking ringing in my ear.
I look above me and see the birds flying and flapping their wings smoothly.
The car's engine is rumbling, and people are walking back and forth while I'm sitting.
I feel the sun's warmth reflecting on my skin.
I hear the bikes ring coming and going.
I see the yellow jackets buzzing, hovering above the ground, fluttering by.

Sitting on a school picnic bench, listening to sounds from afar, I started writing a poem about the sounds around the school.

학교에서

학교 밖에서 나는 뾰족한 녹색 관목을 봅니다.
까마귀가 울부짖고 새들이 나무에서 지저귑니다.
공기 속에서 나무와 풀 냄새가 나고, 내가 앉아 있는 벤치의 냄새도 납니다.
나는 내 위에 있는 모든 색들의 나무잎들을 바라봅니다.
살랑살랑 불어오는 가벼운 바람이 나를 스치면 기분이 좋아집니다.
멀리서 사람들이 말하는 소리가 귓가에 들립니다.
나는 내 위에서 새들이 날아다니며 부드럽게 날개를 퍼덕거리는 것을 바라봅니다.
자동차 엔진이 덜컹거리고 내가 앉아 있는 동안 사람들이 왔다 갔다 합니다.
내 피부에 반사되는 태양의 온기가 느껴집니다.
자전거가 왔다 갔다 하는 소리가 들립니다.
땅 위를 맴도는 노란색의 벌들이 펄럭이며 날아다니는 것이 보입니다.
내가 앉아 있는 동안 사람들이 왔다 갔다 하고, 차 엔진 소리가 요란하게 들린다.

학교 소풍 벤치에 앉아 멀리서 들리는 소리를 들으며 학교 주변의 소리에 대한 시를 쓰기 시작했습니다.

The Spring

In the spring there's million and trillions of flowers blooming like an egg hatching.
The sweet aroma fills the air of good and sweet,
making me feel so happy with all the unique flowers.
I hear the bees buzzing by me, going from one flower to another.
I feel the light breeze brushing against my skin, I touch the soft prickly grass,
it feels like it's tickling me in return.
I look above me and see the clear blue sky and the bright yellow sun blazing down on me.
I play with the wind following as it goes.
I smile with happiness that fills me up.

In spring, I can see many colorful flowers and trees. I see green grass from the outside. I saw this bright and pretty flower while playing with my sisters outside. That's how I started writing spring poetry.

봄

봄에는 수백만 송이의 꽃이 알 부화처럼 피어나요.
달콤한 향기가 공기를 채우고 모든 독특한 꽃이 나를 행복하게 만들어요.
나는 꿀벌들이 한 꽃에서 다른 꽃으로 윙윙거리는 소리를 들어요.
살랑살랑 불어오는 가벼운 바람이 느껴지고, 뽀송뽀송한 풀잎을 만질 수 있어,
꽃들이 보답으로 나를 간지럽히는 기분이 들어요.
나의 위에서, 맑고 푸른 하늘과 밝은 노란색 태양이 나를 비추고 있어요.
나는 바람을 따라가며 놀아요.
나는 나를 채우는 행복으로 웃어요.

봄에는 형형색색의 꽃과 나무를 많이 볼 수 있습니다. 외부에서 푸른 잔디가 보입니다. 밖에서 언니들과 놀다가 이 밝고 예쁜 꽃을 봤어요. 그렇게 나는 봄시를 쓰기 시작했다.

Winter

During the cold winter days, I stay inside the comfort of my house,
watching as the fire in the fireplace flickers each time, getting higher and more significant.
I drink hot cocoa, the rich, creamy chocolate beverage filling me with warmth,
the steam rising from the hot drink.
I wrapped myself in a fuzzy soft blanket, curling myself in, making me feel good,
and all warmed up.
And I hear the church bell ringing outside of my window,
ready for the holiday's fun.

As I was writing this poem, I imagined myself sitting on the sofa, looking out the window and looking at the cold.

겨울

추운 겨울날, 나는 편안하게 집에 머물면,
벽난로의 불이 매번 깜박거리며 점점 더 높이 올라가는 것을 지켜본다.
나는 뜨거운 코코아를 마신다.
진하고 크림 같은 초콜릿 음료가 나를 따뜻하게 채우고
뜨거운 음료에서 나오는 증기를 마신다.
나는 보송보송한 담요로 몸을 감싸고, 몸을 웅크리고,
기분이 좋아지고, 몸이 따뜻해 짐을 느낀다.
그리고 나는 휴일의 즐거움을 위해 준비된 교회 종소리가
창밖으로 울리는 소리를 듣는다.

이 시를 쓰면서 나는 소파에 앉아 창밖을 바라보며 추위를 바라보고 있는 내 자신을 상상했다.

The coastal hike

The hike of wonder and curiosity, the hike of freedom, the hike of energy.
The coastal hike...
While I'm hiking the coastal, I can smell the ocean cold wind breezing to my face.
And I can hear the water crashing to shore.
The vividness going through my body waking me up.
While I'm walking the cold windy air, I get to see the ocean view with the white foam with it.
I get to see the flock of birds soaring through the air,
and I get to see what I like about the coastal hike.

I hiked a coastal hike and saw the ocean while walking. So that's what the coastal hike is about.

해안 하이킹

놀라움과 호기심의 고조, 자유의 고조, 에너지의 고조.
해안 하이킹...
해안을 등산하는 동안 얼굴에 찬바람 부는 바다 냄새가 나요.
그리고 바닷물이 해안으로 떨어지는 소리도 들려요.
살아있는 생생함이 내 몸을 관통하며 나를 깨워요.
찬 바람 부는 공기 속을 걸으면서 하얀 거품을 물고 바다 풍경을 봐요.
나는 하늘을 나는 새떼들도 볼 수 있고,
해안 하이킹에서 내가 좋아하는 것을 볼 수 있어요.

해안 산책로를 걷다가 바다를 봤다. 이것은 해안 하이킹에 관한 것입니다.

Coffee Shop

At the coffee shop, I can smell the newly grounded beans filling the air.
While sitting at a wooden table, I drink a mango smoothie.
It's a stupor of deliciousness feeling me in.
I can hear many cars by their engines vrooming.
I can see people walking out of stores holding a bag.
I can hear people talking while walking.
I also can see the bikers biking and ringing their ring echoing through the air.
In front of me, there are beautiful plants
and flowers of all sorts of colors looking brightly at me.

I wrote a poem about the sounds and sights of what I saw and heard at the coffee shop with my mom.

커피숍

커피숍에서는 갓 빻은 원두가 공기를 채우는 냄새를 맡을 수 있어요.
나무 테이블에 앉아 망고 스무디를 마셔요.
그것은 나를 느끼는 맛의 혼미예요.
나는 많은 차들의 부릉거리는 엔진 소리를 들을 수 있어요.
가방을 들고 가게를 나서는 사람들도 볼수 있어요.
사람들이 걸어가며 이야기 하는 소리도 들려요.
링링 소리를 내며 달리는 자전거 탄 사람들의 모습도 볼 수 있어요.
내 앞에는 온갖 색깔의 아름다운 식물과 꽃들이 밝게 나를 바라보고 있는 것 같아요.

엄마와 함께 커피숍에서 보고 들은 것의 소리와 광경에 대한 시를 썼습니다.

At the park

During the time at the park,
I relax on the soft grass while looking up at the bright blue sky with the clouds,
and I get to see the crows flying and cawing.
I get to hear the music from the nearby stores ringing in my ear,
and I also can hear the laughter of people playing with their bright round
ball soaring through the air and back to the ground.
Lastly, I get to see the adorable dogs running around to get to the ball
while flapping their ears and swishing their tails of happiness.

There was a small park in front of me, and I imagined it as a big park of joy to make a better poem.

공원에서

공원에서 보내는 시간은 부드러운 풀밭에서 휴식을 취하며
구름과 함께 맑고 푸른 하늘을 올려다보면
까마귀가 날고 깍깍거리는 모습을 볼 수 있습니다.
주변 가게의 음악이 귓가에 맴돌고 있고,
사람들이 밝은 둥근 공을 가지고 노는 소리도 들립니다.
마지막으로 귀를 펄럭이며 행복의 꼬리를 흔들며 공을 잡기 위해
이리저리 뛰어다니는 사랑스러운 개들의 모습도 보게 됩니다.

제 앞에 작은 공원이 있었는데 더 좋은 시를 만들고자 하는 큰 기쁨의 공원으로 상상했습니다.

Summer

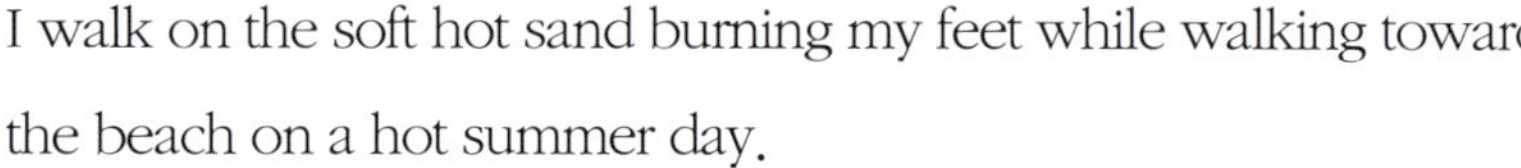

I walk on the soft hot sand burning my feet while walking toward
the beach on a hot summer day.
Soon I dip my feet in the cold refreshing water making me cool down.
I see the surfers riding big high waves and coming to shore and then doing it again.
I can taste the salty water going through my mouth.
I can hear the people talking and laughing.
I look next to me and see the kids building sandcastles.
And I blink because of the wind breezing, putting sand in my eyes so it gets watery.
I guess that's the summer of my summer.

When I went to the beach in summer, the weather was so nice I went to the water to cool my feet and watch the surfers ride the big waves.

여름

무더운 여름날, 부드러우면서도 뜨거운 모래 위에 발을 태우며 해변을 향해 걸어갑니다.
시원하고 상쾌한 물에 발을 담그며, 더위를 식힙니다.
나는 큰 파도를 타고 해안으로 갔다가 다시 돌아오는 서퍼들을 봅니다.
입으로 흐르는 짠 물을 맛볼 수 있습니다.
사람들이 말하고 웃는 소리가 들립니다.
주위를 둘러보니 아이들이 모래성을 쌓고 있습니다.
나는 눈을 깜박입니다.
왜냐하면, 바람이 불고, 모래가 눈에 들어가, 내 눈을 적십니다.
제 이것이 바로 제 여름인 것 같아요.

여름에 해변에 갔을 때 날씨가 너무 좋아서 발을 식히고 서퍼들이 큰 파도를 타는 것을 보려고 물에 갔다.

All About Me

Who is kind, funny, and talkative.
Who wishes to travel around the world.
Who dreams of ending Covid-19 and being successful.
Who wants to have a good life in the future me.
Who wonders how animals were first made.
Who would like to see Paris and all the city capitols and also the Eiffel Tower.
Who is afraid of bugs.
Who likes dogs.
who hates bad grades.
Who loves my family, friends, and food.
Who plans to grow more and travel.
Who...

I wrote this poem based on myself of who I am and how I would want to spend my life.

나에 대한 것들

친절하고 재미있고 말이 많은 사람입니다.
세계일주를 꿈꾸는 사람입니다.
코로나 바이러스가 끝나고 성공을 꿈꾸는 사람입니다.
미래의 나에게 좋은 삶을 살게 하고 싶은 사람입니다.
동물들이 어떻게 처음 만들어졌는지 궁금해 하는 사람입니다.
파리와 모든 도시의 의사당과 에펠탑을 보고 싶은 사람입니다.
벌레를 두려워하는 사람입니다.
강아지를 좋아하는 사람입니다.
뱀을 싫어하는 사람입니다.
내 가족, 친구, 음식을 사랑하는 사람입니다.
더 성장하고 여행을 계획하는 사람입니다.
누구가 입니다…

나는 내가 누구인지, 어떻게 살아가고 싶은지에 대한 내 자신을 바탕으로 이 시를 썼다.

Cupcakes

When I eat a cupcake.
I can taste the soft sweet frosting dissolving in my mouth.
The sweetness of the cupcake reminds me of an amusement park
where you get to eat the sweets.
The cupcake is a small piece of bread so soft as a soft sponge breaking apart.
When I bite into it and with the icing together, it's a small delicacy of a cake to me.
The frosting reminds me of a fluffy cloud.
When I eat it, I see myself jumping from one cloud to another like a trampoline.

I like wrote poem about cupcakes.

컵케이크

컵케이크를 먹으면 입안에서 녹는
부드러운 달콤한 프로스팅을 맛볼 수 있습니다.
컵케이크는 달콤함은 과자를 먹게 되는 놀이동산을 생각나게 합니다.
컵케이크는 부드러운 스펀지가 부서지는 것처럼 부드러운 작은 빵 조각입니다.
한 입 베어물고 아이싱과 함께 먹으면 나에게 작은 케이크의 진미다.
프로스팅은 푹신한 구름을 생각나게 합니다.
내가 그것을 먹을 때, 나는 트램폴린처럼
한 구름에서 다른 구름으로 점프하는 나를 봅니다.

나는 컵케익에 관한 시를 쓰는 것을 좋아해요.

Dawn

In the corner of my eye, there's half of a circle, that's coming out of the sky.
The sky is a grayish blue color with dotted clouds.
I go past houses with yellow and white lamps outside,
standing there helping people to show where they are going.
The sun shows up.
Leaving me looking at the blue sky, which once wasn't; there's also the green and yellow trees looking before us.

I was walking my dog, and I saw the morning sky; the sky looked so amazing to me so I wrote about it.

새벽

내 눈 한구석에는, 하늘에서 올라오는 원의 절반이 있어요.
하늘은 구름 점점이 있는 푸른 회색이예요.
나는 바깥에 노란색과 흰색 램프가 있는 집들을 지나서
사람들이 어디로 가는지 알려주는 것을 도와요.
어린아이 태양이 나타나 예전에는 없던 푸른 하늘을 바라보게 하고,
우리 앞에 보이는 녹색과 노란색 나무도 있어요.

강아지와 산책을 하다가 아침 하늘을 보니 하늘이 너무 멋있어서 글을 썼습니다.

Cranberry bagel with cream cheese

In the morning, I eat a cranberry bagel with cream cheese.

When I bite into it and eat it.

I taste the cheesiness of the cream cheese soaking into my teeth and my mouth.

I'm biting into it.

The bread tastes so good with the with the purple pinkish cranberry that follows along with it.

This cranberry bagel with cream cheese is a life savior for me in the morning,

and also, it's such a delicious combo.

I usually eat cranberry bagel with cream cheese in the morning.

크랜베리 베이글과 크림치즈

아침에는 크림치즈를 곁들인 크랜베리 베이글을 먹어요.
한입 베어물고 먹으면 이빨과 입에 스며드는 크림치즈의 고소함을 맛봐요.
한 입 베어물고 있는데 빵은 거기에 따라 나오는
보라색 분홍빛이 도는 크랜베리와 너무 잘 어울려요.
크림치즈를 곁들인 이 크랜베리 베이글은 아침에 나를 구해주는 구세주이기도 하고,
너무 맛있는 콤보이기도 해요.

저는 주로 아침에 크랜베리 베이글에 크림치즈를 발라 먹습니다.

I can feel the chill of the night

In the chill of the night, I see the tall trees flickering their leaves,
making it look like it's waving its arms and dancing the night away.
In the chill of the night, there are the prickly plants all around the edges
that make it look like it's strolling with me in the night road.
In the chill of the night, I feel my hand being tugged at because of my dog
pulling on her bright purple leash that stands out everywhere.
In the chill of the night, I feel the coolness of the wind,
which makes me feel like there's frost on my bones.

The weather changed to autumn, so the night air was chilly. While walking my dog I saw all these things beside me and I quickly wrote it.

밤의 한기가 느껴져

밤의 서늘함 속에서 나는 키 큰 나무들이 잎사귀를 흔들며
마치 팔을 흔들며 밤새 춤을 추는 것처럼 보입니다.
밤의 쌀쌀한 날씨에는 가장자리에 가시가 많은 식물이있어
밤 길에서 나와 함께 산책하는 것처럼 보입니다.
한밤 중의 쌀쌀한 날씨에 나는 어디에서나 눈에 띄는
밝은 보라색 목줄을 잡아당기는 강아지 때문에
내 손이 잡아당기는 것을 느낀다.
쌀쌀한 밤에 바람의 서늘함을 느끼니
뼛 속까지 서리가 내린 것 같은 기분이 듭니다.

날씨가 가을로 변해 밤공기가 쌀쌀했다. 강아지 산책길에 본 광경들을 적은것이다.

Croissant

When the butter-coated bread enters into my mouth.
I think of the glossy butter that dissolves in my mouth,
giving it a tint of sweetness in the croissant to sweeten it a bit.
The crunchy texture of the croissant gives me satisfaction and makes me dream
of the way how croissants are made in the stores that go into the ovens full of wood,
making it toasty and warm that changes to my favorite bread that I like.

The croissant bread is my favorite bread or pastry in the world so I wrote about the buttery croissant.

크루아상

버터 바른 빵이 내 입에 들어갈 때.
입에서 녹는 윤기나는 버터가 생각나서
크루아상에 약간의 단맛을 주어서 조금 달게 만들어요.
크루아상의 아삭아삭한 식감은 만족감을 주고,
장작으로 가득 찬 화덕에 들어가는 가게에서
크루아상이 어떻게 만들어지는지 상상하게 만들어요.
그리고 따뜻하게 뎁혀진 빵은 내가 좋아하는 빵으로 변해요.

크루와상 빵은 제가 세상에서 제일 좋아하는 빵이나 과자라서 버터 크루와상에 대해 썼습니다.

The woods

On a quiet evening I see the woods.
It's like a drawing of the woods, so peaceful and beautiful.
I smell the air it smells like new trees.
I hear the sound.
I hear water gushing down the stream and animal sounds all over the place.
It's just like a picture book.

In the evening, the smell of wood coming from the mountain behind the house is more refreshing than before, and the sound of the water becomes clearer.

숲

조용한 저녁에 나는 숲을 봅니다.
마치 숲을 그린 듯 평화롭고 아름답습니다.
나는 새 나무 냄새가 나는 공기 냄새를 맡습니다.
소리가 들린다.
시냇물이 흘러내리는 소리와 여기저기서 동물 소리가 들립니다.
그냥 그림책 같아요.

저녁이 되면 집 뒤 산에서 들려오는 나무 냄새가 전보다 더 상쾌해지고 물소리가 더 맑아진다.

Sunflowers

In my heart, I see the brown sticky center with all these balls of stickiness,
the yellow petals of the sunflowers, each so delicate and pretty.
The pointy green spikes on the petals, with these little brown spike thing
that looks like an anchor.
The sunflower has these amazing sights to look at, and if you look closely.
You can find some fantastic things about the sunflower.

I painted a lot of sunflower pictures so when I saw the all the sunflower pictures I painted I decided that it was time to write about a sunflower poem.

해바라기

내 마음 속에는 끈적끈적한 덩어리가 있는
갈색 끈적끈적한 중심,
해바라기의 노란색 꽃잎이 하나하나 너무 섬세하고 예뻐요.
닻처럼 보이는 이 작은 갈색 스파이크와 함께
꽃잎에 뾰족한 녹색 스파이크가 있어요.
해바라기는 이런 놀라운 광경을 볼 수 있으며,
자세히 살펴보면 해바라기에 대한 환상적인 것들을 발견할 수 있어요.

해바라기 그림을 많이 그렸기 때문에 내가 그린 해바라기 그림을 모두 보고 해바라기 시에 대해 써야 할 때라고 생각했다.

Golden Gate Bridge

The Golden Gate Bridge isn't real gold, but it is the color bronze.
The view is fantastic, which makes it more precious than gold.
We go on a walk on the bridge.
Soon the wind goes in my ear, and it is a loud rustling sound in my ear.
I see the view; I feel like I just came inside to a fantasy world.

I went to the Golden Gate Bridge lot's of the time but one day I walked a bit on the Golden Gate Bridge so I combined those two into one poem.

금문교

금문교는 진짜 금이 아니라 청동색입니다.
금보다 더 귀하게 만드는 경치가 환상적입니다.
우리는 다리를 산책합니다.
곧 바람이 내 귓가에 들어오고, 내 귓가에 바스락거리는 큰 소리가 납니다.
나는 전망을 본다. 마치 환상의 세계에 들어온 것 같은 기분이 듭니다.

당시 금문교에 많이 갔었는데 어느 날 금문교 위를 조금 걸어가서 둘을 합쳐서 한 편의 시로 만들었습니다.

Trees

Trees are green, yellow, red, and even brown.
There are so many trees, colors, and shapes.
I soon find myself on a mountain.
It has so much cool stuff like bumpy rocks, blue streams, and even wild animals.
There are so many trees, each one so unique the air smells like a brand new land.
I feel alive

In front of my house they are many trees and some are different than others. So I wrote about all the trees.

나무

나무는 녹색, 노란색, 빨간색, 심지어 갈색입니다.
나무는 색깔도 모양도 참 많습니다.
나는 곧 산에 올랐습니다.
울퉁불퉁한 바위, 푸른 개울, 심지어 야생 동물과 같은 멋진 것들이 많이 있습니다.
정말 많은 나무가 있고 각각의 나무는
매우 독특하고 공기는 완전히 새로운 땅의 냄새를 맡습니다.
나는 살아있음을 느낀다.

우리 집 앞에는 나무가 많고 어떤 것은 다른 나무와 다르다.
그래서 나는 모든 나무에 대해 썼다.

Tea

Teas are hot, teas are cold, teas are steamy.
It's just like to talking to me to drink it.
Teas are tasty.
Teas can be anything, even medicine, when you pour the water on the leaves.
You can soon see the magic happen.
It turns to any colors of the rainbow, and it's even tasty.

I like teas on a cold windy day because they are tasty and easy to make and warm my body up.

차

차는 뜨겁다. 차는 차갑다. 차는 찐하다.
마치 나에게 마시라고 이야기하는 것.
차는 맛있습니다.
차는 무엇이든 될 수 있습니다. 심지어 약이 될 수도 있습니다.
나뭇잎에 물을 부으면 마법이 일어나는 것을 곧 볼 수 있습니다.
그것은 무지개의 어떤 색으로 변하고 심지어 맛있습니다.

저는 바람이 많이 부는 날 차가 맛있고 만들기 쉽고 몸을 따뜻하게 해주는 차를 좋아합니다.

Animals

Animals are very unique and colorful, like rainbows.

Some are elegant, some are feisty, but no matter what, animals are just the perfect way they are.

Animals can be kept as pets or some in the wild, or even at the zoo.

Some are scaly, some are fluffy, their skin each one different.

Anyhow, I love animals.

I really love different type animals so I wrote about the different animals.

동물

동물들은 무지개처럼 매우 독특하고 다채롭습니다.
일부는 우아하고 일부는 열성적이지만
무엇이든 동물은 있는 그대로의 완벽한 존재입니다.
동물은 애완 동물로 키울 수 있으며 일부는 야생 또는 동물원에서도 키울 수 있습니다.
일부는 비늘처럼 비늘이 있습니다.
일부는 푹신하고 피부는 각각 다릅니다.
어쨌든 나는 동물을 사랑한다.

저는 다른 종류의 동물을 정말 좋아해서 동물들에 대해 썼습니다.

Roses

The roses are pretty and beautiful.
They have many colors as red, white, and yellow.
Roses also have green stems and pointy spikes
and it hurts, when you touch the spikes.
Roses have a unique top, and with all the petals together,
it looks like a beautiful cup.

The shape of the rose and the smell of it is so beautiful to me. That's when I thought of a rose and started writing about rose.

장미

장미꽃이 예쁘고 아름답습니다.
빨간색, 흰색, 노란색 등 다양한 색상이 있습니다.
장미도 장미는 줄기가 녹색이고 뾰족한 가시가 있어 만지면 아픕니다.
장미는 윗면이 독특하고 꽃잎이 다 모여서
아름다운 컵처럼 보입니다.

장미의 모양과 향이 너무 아름다워요. 그때 장미가 생각나서 글을 쓰기 시작했어요.

The night sky

The stories we heard and read from books about the nighttime history.
We had with space and the atmosphere.
While I walk through the stars and moon.
The night sky of the bright light, there's a misty cold breeze in the air.
And my own breath making a small cloud of fog in the night air.
The big full moon has its round crest glinting in the night sky.
I feel relaxed while looking at the bright yellow stars and moon in the night sky.

When I look outside of my house I see the night sky and it looked so beautiful.

밤하늘

밤의 역사에 대한 책에서 우리가 듣고 읽은 이야기.
우리는 공간과 분위기를 가지고 있었습니다.
내가 별과 달을 거니는 동안.
밝은 빛의 밤하늘, 허공에는 안개가 자욱한 차가운 바람이 있고
내 숨결은 밤 공기에 작은 안개 구름을 만들고 있습니다.
큰 보름달은 밤하늘에 반짝이는 둥근 볏이 있습니다.
밤하늘의 밝은 노란색 별과 달을 바라보면 마음이 편안해집니다.

집밖을 보니 밤하늘이 너무 아름다웠다.

Butterflies

Fluttering in the bright morning sun, I look at the butterflies.
Their colors each one of uniqueness.
The butterflies are such a beauty to the world.
And it is so pretty to look at; you could take millions of photos and many drawings of the butterflies.
The gracefulness that they have in their flying flapping their wings in the slight breeze.
I have to watch.
I start drawing the butterflies one by one making progress towards a masterpiece,
the nice crease shading on the outline of the butterflies.

They're not many butterflies in my area, so instead, I made up the butterflies I was going to write, up in my head.

나비

밝은 아침 햇살에 나부끼며 나비를 바라보며, 각각의 색이 독특합니다.
나비는 세상에 너무나 아름답고 보기에 너무 아름답습니다.
수백만 장의 사진과 나비의 그림을 많이 찍을 수 있습니다.
미풍에 날개를 펄럭이며 날아가는 그들의 우아함.
나는 지켜봐야 한다.
나는 하나의 나비를 그리기 시작하여
나비의 윤곽에 멋진 주름 음영이 있는 걸작을 향해 나아갑니다.

우리 동네에는 나비가 많지 않아서 대신 쓸 나비를 머릿속에 그려 보았다.

The Hot sun

The hot sun is an ember color.
The hot sun is shining down like a canon.
I walk home and feel the coldness of the ground.
The air smells amazing, with the cold sweetness filling the air.
I go to see a cold popsicle and put it in my mouth,
and the juice cheers me up from the heat like a lightning bolt.
I lick until there's no more left.
And right now, I'm ready for the hotness.

It was a really hot summer at that time and the sun looked like a rock of fire, so I wrote about the sun that looks like a rock on fire.

뜨거운 태양

뜨거운 태양은 불타는 색입니다.
뜨거운 태양이 캐논처럼 내리쬐고 있습니다.
나는 집으로 걸어가서 땅의 차가움을 느낍니다.
공기를 채우는 차가운 단맛과 함께 공기는 놀라운 냄새를 맡습니다.
시원한 아이스 캔디를 보러 가서 입에 넣으면 과즙이 번개처럼 더위를 식혀줍니다.
더 이상 남지 않을 때까지 핥습니다.
그리고 바로 지금, 나는 더위를 맞이할 준비가 되어 있습니다.

그때는 정말 무더운 여름이었고 태양이 불바위처럼 보였기 때문에 불타는 바위처럼 보이는 태양에 대해 썼습니다.

Pool

When I dip my feet in the pool, I dip my whole body in.
The water looks like it's exciting.
I swim gracefully like a mermaid and slow like a turtle swimming in the ocean.
I abandoned my thoughts and just floated on top of the water.
While daydreaming about me floating on the sunny Hawaiian beach.
Whenever I swim, I hear the water swishing making little waves
in the water bumping into me every time I swim.

I love the pool but the pandemic happened so I couldn't go to the pool, but instead I wrote about the pool that I could remember.

풀장

수영장에 발 담그고, 온몸도 담급니다.
물이 신기할 것 같습니다.
나는 인어처럼 우아하게 헤엄치고 거북이처럼 느려요.
나는 생각을 버리고 그냥 물 위에 떠 있었요.
햇빛이 잘 드는 하와이 해변에 떠다니는 꿈을 꾸어요.
나는 수영할 때마다 물속에서 작은 파도가 부딪치는 소리도 들어요.

수영장을 좋아하는데 팬데믹이 일어나서 수영장에 가지 못해서 기억에 남는 수영장에 대해 썼습니다.

During a car ride

During a car ride, it looks like I'm in a photo museum that surrounds me.
During a car ride, I see cool and sleek cars running in the front and back of me.
During a car ride, I see three colors, green, yellow, and red,
and these are the colors that lead me their way.
During a car ride, I read letters on the signs telling me where I was going.
During a car ride, I have a good time looking out the window
and seeing the blue sky and the clouds.

My family went to Target and drove home. And while driving, I looked out the window and wrote this poem about the things I saw outside my window.

차가 달리는 동안

차를 타고 가다 보면 마치 나를 둘러싸고 있는 사진관에 온 것 같다.
차를 타다 보면 앞뒤로 시원하고 날렵한 차들이 달리는 것을 본다.
차를 타고 가다 보면 초록색, 노란색, 빨간색 세 가지 색이 있는데,
이 색들이 나를 이끄는 색이다.
차를 타고 가는 동안, 나는 내가 가고 있는 곳을 알려주는 표지판을 읽는다.
차를 타고 가면서 창밖을 바라보며
파란 하늘과 구름을 바라보며 즐거운 시간을 보낸다.

우리 가족은 타겟에 가서 차를 몰고 집으로 갔다.
그리고 나는 운전하면서 창밖을 내다보며 창밖에서 본 것들에 대해 이 시를 썼다.

I am a reader who..

I am a reader who likes action and emotional books.
I am a reader who reads novels and fiction.
I am a reader who likes reading all kinds of books and will enjoy it.
I am a reader who...

I like to read many kinds of books, but I wrote about my favorite types of books in this poem.

저는 독서가예요

저는 액션과 감성적인 책을 좋아하는 독서가예요.
저는 소설을 읽는 독서가예요.
저는 모든 종류의 책을 읽는 것을 좋아하고 그것을 즐기는 독서가예요.
제가 누구냐면요, 저는 독서가예요...

나는 여러 종류의 책을 읽는 것을 좋아하지만 이 시에서 내가 가장 좋아하는 종류의 책에 대해 썼습니다.

Outside of the sunset

Outside of the sunset, I see the light orange-colored clouds forming a line.
I see the orange sun. It looks like a bright orange shining down on the ground.
Outside of the sunset, there's a color you'll never find high up above you in the sky.
Outside of the sunset, there's a better planet waiting on me.

I like to see the sunset and soon when I was looking at the sunset I wrote about it.

일몰 밖

석양의 바깥에 나는 밝은 오렌지색 구름이 줄을 형성하는 것을 봅니다.
주황색 태양이 보입니다. 마치 바닥에 빛나는 밝은 오렌지색처럼 보입니다.
일몰 외에는 하늘에서 결코 찾을 수 없는 색이 있습니다.
석양 너머에는 더 나은 행성이 나를 기다리고 있습니다.

나는 일몰을 보는 것을 좋아하고 나는 일몰을 보면서 곧 그것에 대해 썼습니다.

I can

I can succeed and let myself become a bird flying freely with the birds
in the open space and let my thoughts run away.
I can play with a bright ball flying through the air on a warm day.
I can play and have fun smiling in broad daylight.
I can seek the things I haven't known about...
Now I seek the things I haven't known about...

When something is hard, I like to say inside my head 'I can do it' and I wrote about it too.

할 수 있습니다

나는 성공할 수 있고 열린 공간에서 새들과 함께 자유롭게 날아가는
새가 될 수 있고 내 생각이 도망가게 할 수 있습니다.
나는 따뜻한 날에 하늘을 나는 밝은 공을 가지고 놀 수 있습니다.
나는 대낮에 웃고 즐겁게 놀 수 있습니다.
내가 몰랐던 것들을 찾아볼 수 있고...
이제 나는 내가 알지 못했던 것들을 찾고 있고...

어려울 때 속으로 '할 수 있다' 라고 생각하고 그것을 적었다.

My dog

My dog is cute.
My dog is good and funny.
My dog can run super-fast like a cheetah.
My dog can sleep soundlessly, her belly going up and down.
My dog has good ears that she can use her ears sometimes twitching in the light wind.
My dog is all of the above.
My dog is my furry companion.

My dog is a Chihuahua and he is the most adorable and unique dog.
So, I wrote about what I think when I see a puppy.

나의 강아지

나의 강아지 귀엽다.
나의 강아지 착하고 재미있다.
나의 강아지 치타처럼 초고속으로 달릴 수 있다.
나의 강아지 소리 없이 잘 수 있고 그녀의 호흡은 위아래로 움직인다.
나의 강아지 귀가 좋아서 가끔 가벼운 바람에 귀를 씰룩거리기도 한다.
나의 강아지 위의 모든 것이다.
나의 강아지 나의 털복숭이 가장 친한 친구이다.

우리 강아지는 치와와이고 가장 사랑스럽고 독특한 강아지입니다.
그래서 제가 강아지를 보고 어떻게 생각하는지에 대해 글을 썼습니다.

Space in the midnight

During the middle period of the night.
I look above the stars and Earth and see the one star that's gleaming inside me.
While looking above me, I see the orbits floating all around the place,
their mixed colors that look like a colorful big ball.
The stars that look like little balls of light far away in the distance, and the rocky moon.
That has holes in it like cheddar cheese.
And that's the space in the midnight, I knew from the beginning.

This poem is about the space I know from my own knowledge, And how I describe space.

밤하늘의 인공위성들

한밤중에 나는 별과 땅 위를 바라보며 내 안에 빛나는 하나의 별을 봅니다.
위를 올려다보니 여기저기 떠도는 궤도들, 형형색색의 큰 공처럼 섞인 색들,
저 멀리 작은 빛의 공처럼 보이는 별들,
그리고 체다 치즈처럼 구멍이 뚫린 바위 같은 달.
그리고 그것은 한밤중의 공간입니다.
저는 처음부터 알고 있었습니다.

이 시는 내가 스스로 알고 있는 공간과 내가 공간을 어떻게 기술하는지에 대한 것이다.

A sound of

A sound of wind floating through the air with coldness.

A sound of books, reading its story out loud so people can read and hear the book.

A sound of crickets cricketing outside.

A sound of butterflies flying gracefully over hilltops.

A sound of me.

This is the sound that I heard when sitting on a spot and not moving.

소리

차가움과 함께 허공을 떠도는 바람 소리.
책 소리, 그 이야기를 큰 소리로 읽어 사람들이 책을 읽고 들을 수 있습니다.
밖에서 귀뚜라미 우는 소리.
언덕 위를 우아하게 날아가는 나비의 소리.
나의 소리.

움직이지 않고 제자리에 앉았을 때 들리는 소리입니다.

Puffs of clouds

When I'm in the car, I see the silver-colored Richmond-Bay Bridge.
Outside of my window, I can see the hills that are covered in bushes.
On top of me, there are little puffs of white clouds.
The ends of the clouds look like fuzz balls of cotton.
The clouds take the form of different animals scattered everywhere
and are floating all over the sky.

It was a clear sunny day and I was riding on top of the Richmond bridge and I was bored so I took out my notebook and wrote about what I saw outside of the car.

뻥튀기 같은 구름들

차에 타면 은색의 Richmond-Bay Bridge가 보입니다.
창밖으로 덤불로 뒤덮인 언덕이 보입니다.
내 위에는 하얀 구름의 작은 퍼프가 있습니다.
구름의 끝이 솜털처럼 보입니다.
구름은 도처에 흩어져 있는 다양한 동물의 형태를 취하고 하늘에 떠 있습니다.

날씨가 맑고 리치몬드 다리 위를 달리다가 심심해서 공책을 꺼내 차 밖에서 본 것을 적었다.

The snow

In the snow, I can make snow angels of various shapes.
I can make large snowmen in the snow
and decorate them with a face and clothes to keep them warm and look fun.
After I go inside covered in powdered snow that looks like dumped with powdered sugar.
I take off my heavy clothes and gear and jump into a tub with warm water, warming myself.
When I'm done, I wear comfy warm clothes that make me instantly feel clean and warm.
I go and pet my dog, my hand touching its soft fur.

There's no snow where I live so I imagined that there was snow outside of my door and wrote about it of me playing in the snow.

눈

눈 속에서 다양한 모양의 눈 천사를 만들 수 있습니다.
나는 눈 속에서 큰 눈사람을 만들고 얼굴과 옷으로 장식하여
따뜻하게 유지하고 재미있어 보일 수 있습니다.
안으로 들어가니 슈가파우더를 뿌린 것 같은 가루눈이 덮여 있습니다.
나는 무거운 옷과 장비를 벗고 따뜻한 물이 담긴 욕조에 뛰어들어 몸을 덥힙니다.
작업이 끝나면 즉시 깨끗하고 따뜻한 느낌을 주는 편안하고 따뜻한 옷을 입습니다.
나는 가서 내 개를 쓰다듬어주고, 내 손은 부드러운 털을 만지작거립니다.

제가 사는 곳은 눈이 없어서 집 밖에 눈이 있는 줄 알고 눈밭에서 노는 모습을 적었습니다.

Painting

그림

I was at an art camp.

Today we were to paint flowers, so I chose 3 flowers to paint.

나는 미술 캠프에 있었다.

오늘은 꽃을 칠하기로 해서 3개의 꽃을 선택했어요.

I was sitting on a table and didn't know what to paint.
So the idea came to me by drawing a lollipop, so I painted a big lollipop with more lollipops on the bottom.

나는 테이블에 앉아 있었고 무엇을 칠해야 할지 몰랐습니다.
그래서 롤리팝을 그리다가 아이디어가 떠올랐고, 큰 롤리팝에 아래쪽에 더 많은 롤리팝을 그렸습니다.

It was almost the 4th of July and at art camp the art teacher bought cupcakes from the nearby supermarket, so I picked one cupcake and decided to paint the cupcake.

7월 4일 거의 7월 4일 미술 캠프에서 미술 선생님이 근처 마트에서 컵케이크를 사주셔서 저는 컵케이크 하나 골라서 색칠하기로 했어요.

At art camp we were to paint about fruits
but the opposite colors for each one to make them stand out.

아트 캠프에서는 과일에 대해 색칠을 하려고 했는데
과일이 눈에 띄도록 반대색으로 칠했어요.

I was in second grade and today at art camp we were all inside because it was super hot.
On a table there was a vase with flowers which I painted.

나는 2학년이었고 오늘 아트 캠프는 매우 더웠기 때문에
우리 모두 안에 있었습니다.
탁자 위에는 내가 그린 꽃병이 있었다.

On top of the art camp table there was a cactus so I painted a cactus on a log with a sunset background and a cheese for the moon.

아트캠프 테이블 위에는 선인장이 있어서 일몰을 배경으로 통나무 위에 선인장과 달을 위한 치즈를 그렸습니다.

This is a painted, imaginary room.

이것은 나의 상상의 방을 그린 것이다.

At art camp there was a brown paper bag from our local supermarket, inside there were treats. I picked donuts and painted it. Afterward I got to eat it.

아트 캠프에는 동네 슈퍼마켓에서 파는 갈색 종이가방이 있었는데 안에는 과자가 들어 있었다. 도넛을 골라서 그렸습니다. 나중에는 먹어봐야지.

It was free time and I finished my main painting so on a little canvas;
I painted a pineapple, watermelon, and strawberries because it was hot.

메인 그림을 완성하고, 자유시간에 작은 캔버스에 그린 그림인데,
날이 더워서 파인애플, 수박, 딸기를 그렸습니다.

I had some leftover paint and a bit more time,
so I drew a banana and a lively looking grape next to a plate.

물감과 시간이 좀 남아서 바나나와 생기발랄해 보이는
접시 위의 포도를 그렸습니다.

The art teacher had a full bag of fake shells and we got to paint them so I chose two that looked pretty and painted it with the leftover paint I had on my plate.

미술 선생님은 가짜 조개껍데기를 한 봉지 가득 가지고 있었고 우리는 그것들을 칠해야 했기 때문에 예뻐 보이는 두 개를 골라 접시에 남아 있던 페인트로 그렸습니다.

I was in third grade.
At art camp I had to paint about fruits and so I chose lemons.

3학년 때에요.
아트캠프에서는 과일을 그려야 했고 나는 레몬을 골라서 그렸어요.

It was a bit chilly outside but on the table there was beautiful flowers so I painted an iris and a red flower. Plus the background is painted with house paint.

밖은 조금 쌀쌀했지만 테이블 위에는 예쁜 꽃들이 있어 아이리스와 붉은 꽃을 그렸습니다. 또한 배경은 하우스 페인트로 칠해져 있습니다.

At almost the end of art camp the teacher went to a close by supermarket and bought star-shapes sugar cookies. I drew my star cookie, and for me I putted mine in space.

미술 캠프가 거의 끝나갈 무렵, 선생님이 근처의 슈퍼마켓에서 별 모양의 설탕 쿠키를 샀다. 나는 별 모양의 쿠키를 그렸고, 나를 위해 별 모양의 쿠키에 우주를 추가해서 그렸다.

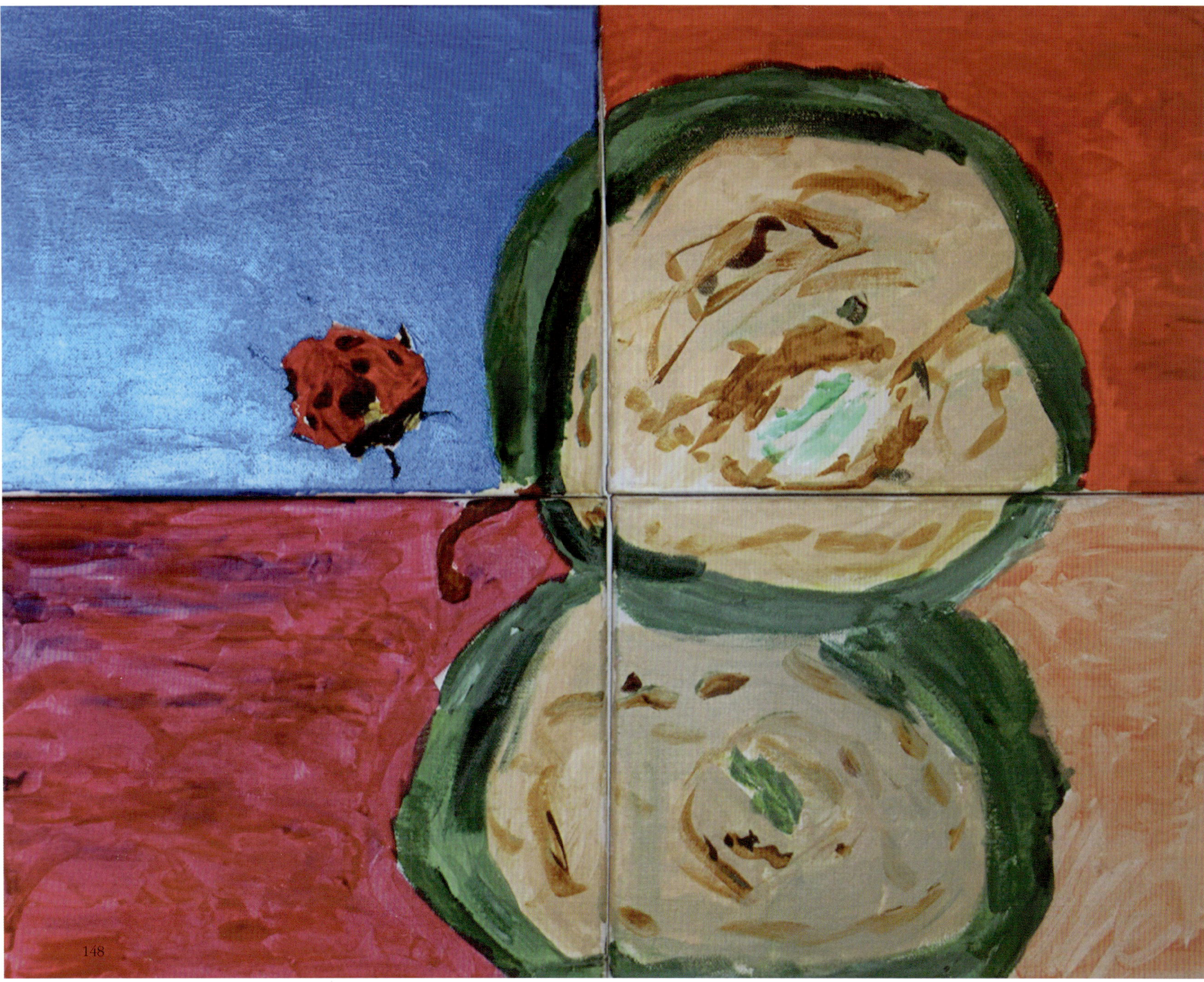

I was at the art camp when I was in third grade and we had fruits laid out in front of us so I drew an apple on a four-piece canvas.

이것은 내가 3학년 때 미술 캠프에서 그린 것입니다;
이것은 4조각 그림입니다.

This is my self-portrait of me when I was in second grade.

초등학교 2학년 때 그린 제 자화상입니다.

This picture is all about flowers,
I love flowers so I painted different kinds of flowers into one painting.

이 그림은 모두 꽃에 관한 것입니다.
저는 꽃을 좋아해서 한 장의 그림에 여러 종류의 꽃을 그렸습니다.

It's a tall flower picture that has many different flowers on a big green flower stem.

커다란 녹색 꽃줄기에 다양한 꽃들이 피어 있는 키 큰 꽃 사진입니다.

This was my first ever wave that I painted.

이것은 내가 그린 첫 번째 파도입니다.

I love seeing people surf on big waves at the beach, so that's why I painted a big wave with a surfer on top, the yellow background resembles the sun.

나는 사람들이 해변에서 큰 파도를 타는 것을 보는 것을 좋아하기 때문에
위에 서퍼와 함께 큰 파도를 그렸습니다.
노란색 배경은 태양을 닮았습니다.

2021 summer, I went to artcamp; the art teacher brought some props for painting so I drew an old wine bottle and a book.

2021년 여름, 미술캠프에 가서 오래된 와인병과 책을 세팅하고 그린 그림이에요.

I like the mountains at sunset because from my home I see a mountain and it looks really pretty at like the end of dusk.
Also I drew this painting fast with leftover paints.

나는 해질녘 산을 좋아해요.
집에서 산이 보이고 황혼의 끝자락처럼 정말 예뻐 보이기 때문이예요.
나는 이 그림을 쓰고 남은 물감으로 아주 빠르게 그린 거예요.

This is a cherry painting I painted when I was done with my first painting.
I only had a little bit of time and had leftover paint, so I drew it on a tiny canvas.

이것은 첫 번째 그림을 완성했을 때 그린 체리 그림입니다.
시간이 조금 남아서 페인트도 남아서 정말 작은 캔버스에 그린 그림입니다.

In front of the art camp studio, there was an old car and I had to paint the car.
In the background is our local town shops.

아트캠프 앞에는 낡은 차가 있어 도색을 해야 했다.
배경에는 우리 지역 마을 상점을 그렸다.

I painted this painting 2021 summer and this painting is an old pickup truck and instead of the original color I created it to be more colorful.
Also there's big vegetables and fruits in the back.

2021년 여름에 이 그림을 그렸는데 이 그림은 오래된 픽업 트럭을 색다르게 표현해 그린 거예요. 트럭 뒤에 야채와 과일도 그렸어요.

This is a painting of a beach that I was at on a hot summer day.

무더운 여름날 내가 머물렀던 해변을 그린 그림이다.

When I was in first grade we had to paint our self portrait as queens or kings.

내가 1학년이었을 때 우리는 여왕이나 왕으로서 자화상을 그려야 했습니다.

At art camp it was to paint cupcakes so I painted one cupcake and then added more different cupcakes.

컵케익도 그렸는데, 나는 컵케익을 많이 그렸어요.

This eye is an eye that I painted, but it's not my eye but I just painted an eye in my spare time. On a wooden canvas.

이 눈은 제가 그린 눈인데 제 눈이 아니라 그냥 쉬는 시간에 그렸습니다.
나무 캔버스에.

This picture is a sunflower.
But I added the middle of the sunflower and the stem of the sunflower a bit more different from a real sunflower because I wanted it to be unique.

이 사진은 해바라기입니다.
하지만 해바라기의 가운데 부분과 줄기 부분을 실제 해바라기와 조금 다르게 추가해서 독특하게 만들었습니다.

This is a big sunflower that I painted.
In the middle it has colorful seeds to make it look fun,
and the designs in the background are a mix of words and symbols.

제가 그린 커다란 해바라기입니다.
중간에 알록달록한 씨가 들어가 있어 재미있어 보이도록 디자인했으며,
단어와 기호가 믹스된 디자인입니다.

This is a sunflower and the background is painted with real gold paint.

이것은 해바라기이며 배경은 실제 금색 페인트로 칠해져 있습니다.

This is the Golden Gate Bridge.

I was drawing this picture when I was in 3rd grade at school.

My picture was selected and was hung on the school office and the local libraries.

금문교입니다.

이 그림은 초등학교 3학년 때 그렸습니다.

내 그림을 선택하여 학교 사무실 벽과 지역 도서관에 걸었습니다.

I was on a bridge above a creek so I painted the creek and the trees above it.

개울 위의 다리 위에서 개울과 그 위의 나무들을 그렸습니다.

This picture is of my family.
The rose is my mom and the one holding the rose is me,
next to my hand all the other hands are my sisters hand.

이 그림은 우리 가족을 그린 그림입니다.
장미는 엄마이고 장미를 들고 있는 사람은 나,
내 손 옆에 있는 다른 손은 제 자매들입니다.

I painted this painting with a watercolor brush pen. This is when the sun is next to the ocean bay with two moons on the side of the sun.

이 그림을 수채화 붓펜으로 그렸습니다. 이것은 태양이 태양의 측면에 두 개의 달이 있을 때입니다.

Epilogue

Art is mostly about how a person feels making a painting or some art.
It doesn't matter how it looks.

I met Siha when I was teaching kids in an art camp.
Siha painted many paintings with excitement and special views of colors that are bright.
Siha said to her mother, "Mommy, I love how I feel making art,"
She loves to paint small or large paintings-colors of flowers or composing a landscape.

I'm happy to encourage her to be creative.
I feel she will create many paintings and carry art throughout her life.

I hope you will enjoy her book and see a shining star to come even brighter.

Artist, Michael Feldman

에필로그

예술은 주로 사람이 그림이나 예술을 만드는 느낌에 관한 것입니다.
그것이 어떻게 보이는지는 중요하지 않습니다.

미술 캠프에서 아이들을 가르치다 시하를 만났습니다.
시하는 밝은 색채에 대한 설렘과 특별한 시선으로 많은 그림을 그렸습니다.
시하는 엄마에게 "엄마, 그림을 그리면 기분이 좋아요"라고 말하곤 했습니다.
그녀는 작거나 큰 그림, 꽃의 색이나 풍경 구성을 그리는 것을 좋아합니다.

그녀가 창의력을 발휘하도록 격려할 수 있어 기쁩니다.
나는 그녀가 평생 동안 많은 그림을 만들고 예술을 수행할 것이라고 생각합니다.

그녀의 책을 보시고 더욱 빛나는 별을 보시길 바랍니다.

아티스트, 마이클 펠드먼

Siha's File

인쇄 2021년 12월 1일
발행 2021년 12월 20일

글쓴이 시하
펴낸이 김윤희
디자인 김환
펴낸곳 맑은소리맑은나라

출판등록
주소 부산광역시 중구 중앙대로 22 동방빌딩 301호
전화 051-255-0263 팩스 051-255-0953
서울사무소 서울특별시 용산구 한강대로 259 고려에이트리움 1613호
이메일 puremind-ms@hanmail.net

값 20,000원
ISBN 978-89-94782-87-4 73800